10 STEP

5단계

내 인생의 내비게이션 성경

순출판사
CCC 한국대학생선교회

5단계 내 인생의 내비게이션

1985년 2월 28일 초판 발행
2013년 3월 27일 개정판 1쇄 발행
2024년 11월 15일 개정판 6쇄 발행

지 은 이 빌 브라이트
발 행 처 순출판사
감　　수 미래사역연구소
디 자 인 아이엠크리에이티브
일러스트 아이엠크리에이티브
주　　소 서울시 종로구 백석동 1가길 2-8
전　　화 02)722-6931~2 팩　스 02)722-6933
인 터 넷 http://www.kccc.org
등록번호 제 2020-000159호

값 2,500원
ISBN 978-89-389-0267-2

책 내용과 관련된 문의는 한국대학생선교회_미래사역연구소 (02-397-6269)로 문의 바랍니다.

C C C
10단계
성경교재

〈개정판〉

그리스도인은 날마다 영적으로 성장해야 합니다. 그리스도인이 성숙할수록 주님의 은혜를 더욱 풍성히 누리고 또 세상에서 주님을 위해 영향력 있는 삶을 살 수 있습니다.

CCC 10단계 성경교재〈개정판〉은 영적 성장에 필요한 하나님 말씀의 기본적이고 핵심적인 내용들을 담고 있습니다. 이 책을 공부하면 성경에 대한 지식과 중요한 교리뿐만 아니라 기독교 신앙의 광범위한 개관을 체계적으로 알 수 있으며 그리스도인의 삶의 특성과 그리스도인의 특권과 책임에 대해서도 배울 수 있습니다. 또한 나 자신의 영적 성장만 아니라 다른 사람을 그리스도에게 인도하거나 그의 믿음이 성장하도록 도울 수 있습니다.

이 교재는 중 · 고등학생에서부터 대학생과 성인, 모두가 사용할 수 있으며, 혼자서 공부할 수도 있고 그룹으로 함께 공부할 수 있는 주제별 성경공부 교재입니다.

CCC 10단계 성경교재〈개정판〉은 국제 CCC 창설자이신 고(故) 빌 브라이트 박사님의 지도하에 만들어진 책입니다. 책의 앞에 나오는 글은 빌 브라이트 박사가 하신 이야기입니다. 이 책은 본래 있던 교재를 다시 개정한 것입니다.

순(筍)

이새의 줄기에서 뻗어 나온 연한 순(筍)은 주님을 가리킨다(사 11:1; 53:1-12). 순은 가지에서부터 무한히 뻗는 동안 잎과 꽃과 열매를 맺는다. 순은 자신을 위해 있는 것이 아니라 숨어버리는 무한한 생명의 전달자요, 나룻배요, 어머니요, 수단이요, 기능일 뿐이다. 오늘도 CCC의 순(제자화를 위한 소그룹)은 이 땅에 '푸르고 푸른 그리스도의 계절'이 오도록 강인한 생명력으로 힘차게 뻗어가고 있다.

순(筍)출판사는 주님의 지상명령 성취와 한국 교회를 섬기기 위한 CCC의 문서사역을 감당합니다.

10 STEP

그리스도인의 성장을 위한
CCC 10단계 성경교재

내 인생의 내비게이션 성경

내 인생의 내비게이션 : 성경

나는 자동차를 운전해 어딘가로 가고 있었다. 잘 아는 곳이라 생각했는데 그만 길을 잃었다. 밤길에 하는 운전이라서 낯선 지역에서 방향 전환을 잘못한 것 같았다. 어둠 속에서는 모든 것이 다르게 보인다. 목적지를 찾아 이리저리 헤매다가 결국 자동차 앞좌석 소지품 칸에서 지도를 찾았다. 그런데 지도가 보이지 않았다. 지도를 집에 두고 온 것이다. 길을 잘 안다고 자신하지 말았어야 했는데…. 물론 이것은 내비게이션이 없던 시절의 내 경험담이다.

우리는 인생에서 많은 것들을 당연하게 받아들인다. 예를 들면, 질병의 고통을 겪고 나서야 건강의 복을 깨닫는다. 사랑하는 사람들이 이 세상을 떠날 때야 비로소 그의 소중함에 눈뜬다. 이처럼 우리 대부분은 하나님의 영감으로 쓰인 거룩한 성경을 갖고 있다는 것이 얼마나 엄청난 특권인 줄을 깨닫지 못한다. 오히려 그것을 평범하고 아주 당연한 일로 생각한다.

많은 나라에서 공공연하게 하나님의 말씀을 읽지 못하도록 금지시켰다. 그들은 성경 인쇄소의 문을 닫고, 국경을 넘어 성경을 몰래 갖고 들어오는 그리스도인들을 체포했다. 그러나 현재 세계 곳곳에서 이런 상황들이 조금씩 변하고 있으며, 수십 년이 지난 지금 처음으로 하나님의 말씀이 공개적으로 따뜻한 환영을 받고 있는 것에 대해 하나님께 감사한다. 이는 하나님이 주신 첫 번째 복이다.

두 번째 복은 우리말로 된 성경을 갖고 있다는 것이다. 우리는 많은 번역본의 성경을 이용할 수 있다. 그러나 아직도 많은 사람들은 하나님의 말씀이 자신들의 말로 번역되지 않은 탓에 하나님의 말씀을 모른 채 영적 어두움과 무지 속에 살아가고 있다.

세 번째 복은 우리가 재정적인 여유가 있어서 우리 자신만의 성경책을 소유할 수 있다는 것이다. 우리 중 많은 사람들은 성경책을 여러 권 갖고 있다. 그러나 세상의 수많은 사람들은 그러한 사치를 누리지 못한다. 예를 들면, 중앙아시아에서 사역하는 CCC 간사들은 헌신된 신실한 그리스도인들과 함께 일하는데, 그들이 예수 그리스도를 알 수 있는 유일한 길은 누가복음을 근거로 그리스도의 생애를 묘사한 두 시간 분량의 '예수 영화'가 전부다. 그들에게 이 영화 외에 하나님의 말씀을 들을 수 있는 다른 영적 도구는 없다. 어느 지역에서는 마을 전체에 단 한 권의 성경이 있어 이를 나누어 보기도 하지만, 대부분의 마을에는 아예 성경이 한 권도 없다.

하나님께서 성경을 통해 자신을 우리에게 보여 주시는 것은 또 다른 복이다. 우리는 성경을 통해 그리스도가 하나님이라는 것과 그가 우리 죄를 위해 이 세상에 오셔서 죽으셨다는 것을 안다. 그리고 우리는 그가 죽은 자들 가운데서 살아나셔서 지금 모든 믿는 자들 안에 살아 계신다는 것을 안다. 우리는 거룩한 삶을 살고 주 예수님을 위해 열매 맺는 전도자들이 될 수 있도록 능력 주시는 성령 하나님에 대한 지식을 갖고 있다. 하나님의 말씀 때문에 우리는 기도하는 방법, 죄를 회개하는 방법, 하나님의 사랑과 용서를 체험하는 방법을 알고 있다. 일상생활에서 하나님 말씀의 가치를 아무리 강조해도 지나치지 않다. 스코틀랜드의 목사이자 작가인 토마스 커스리(Thomas Cuthrie)는 성경에 대해 다음과 같이 표현하고 있다.

"성경은 천국의 무기고이며, 묘약의 실험실이고 무진장한 부의 보고이다. 그것은 모든 육로의 안내 책자이며 모든 바다의 항해도이고 모든 질병의 치료약이며 모든 상처에 대한 치료용 향유이다. 우리에게서 성경을 빼앗아 간다면 하늘이 태양을 잃어버린 것과 같다."

위대한 전도자 무디(D. L. Moody)는 다음과 같이 고백했다.

"나는 믿음을 달라고 기도했다. 그리고 그 믿음이 어느 날 하늘로부터 번개같이 뚝

떨어질 것을 기대했다. 그러나 믿음은 오는 것 같지 않았다. 어느 날 나는 로마서 10장을 읽었다. '그러므로 믿음은 들음에서 나며 들음은 그리스도의 말씀으로 말미암았느니라' 성경을 덮어 놓고 믿음을 위해서만 기도했는데 성경을 펴고 성경을 공부하기 시작하자 믿음이 줄곧 자라나기 시작했다." ¨

위대한 믿음의 사람 조지 뮬러(George Muller)는 다음과 같이 하나님의 말씀에 대한 사랑을 표현했다. "우리의 영적 생활의 힘은 성경이 얼마만큼 우리 생활과 생각 속에 채워져 있느냐에 정비례한다. 나는 성경을 100번 통독했지만 읽을 때마다 항상 즐거움이 더해졌다. 매번 새 책을 읽는 것 같았다. 날마다 꾸준히 부지런하게 성경을 공부하면 큰 복을 받을 것이다. 나는 하나님의 말씀을 묵상하는 시간을 갖지 못한 날은 잃어버린 날로 여긴다."

제임스 노먼 홀(James Norman Hall)의 『바운티 호의 반란』*(Mutiny on the Bounty)*이라는 책이 있다. 내용은 이렇다. 바운티 호 선상에서 반란이 일어났으나 블라이 함장은 기적적으로 반란을 진압하고 생존하여 영국으로 돌아와 그 범죄를 보고했다. 반란에 가담했던 많은 선원들이 교수형에 처해졌으나 그 중 몇 명은 찾을 수가 없었다. 20년이 지나고 그 사건이 사람들의 기억에 사라질 무렵, 영국의 배 한 척이 지도에도 나와 있지 않은 어떤 한 섬을 발견했다. 선원들이 상륙했는데 그 섬은 완전한 지상 낙원이었다. 그들은 믿을 수 없었다. 질병, 범죄, 술 취함이 없고 오직 은혜와 조화만이 존재하는 섬이었다. 무엇 때문에 이들이 이렇게 살 수 있는 것일까? 섬사람들의 이야기를 듣게 된 선원들은 몹시 놀랐다. 그 이야기는 이러했다.

'바운티 호의 선원들 중 여덟 명은 반란을 일으킨 후 이 섬으로 도망쳐 왔다. 그들은 사람들을 약탈했고 죄악 가운데 살았다. 시간이 지나면서 그 선원들 중 알렉산더 스미스라는 한 사람만 제외하고 모두가 죽었다. 절망 가운데 그는 더 많은 위스키를 찾으려고 다른 사람들의 물건들을 뒤지다가 한 권의 성경책을 발견했다. 그는 그것을 읽고 믿게 되었고 그리스도인으로 거듭났다. 그 이후 그는 모든 섬사람들에게 그리스도를 전했고 그들은 하나님의 말씀을 믿었고 순종했다.' 그 섬을 지상낙원으로 만든 것은 바로 하나님의 말씀이었다.

하나님의 말씀은 사람들의 행동에 영향을 줄 뿐 아니라 사람들의 삶 자체를 완전히 변화시킨다. 우리가 진리인 하나님의 말씀을 소유하고, 또 그 진리가 우리를 소유할 수 있도록 하나님의 말씀을 효과적으로 주의 깊게 공부하고, 정확하게 해석해야 한다.

당신은 성경을 읽으면서 내용에 대해 확신하지 못한 적이 있는가? 친구가 어떤 성경구절을 해석해 달라고 했을 때 아무 말도 할 수 없었던 적이 있는가? 때때로 성경을 공부하는 신자들이 성경을 해석하는 방법에 대해 혼란스러워하는 것을 볼 수 있다. 그러나 분명한 것은 하나님의 말씀이 무엇을 의미하는지 알 수 있는 건전한 방법이 있다는 사실이다.

당신은 하나님의 자녀로서, 성경을 연구할 때 당신을 모든 진리 가운데로 인도하는 성령을 모시고 있다. 성경공부를 시작하기 전에 매번 성령께 당신을 인도해 달라고 기도하라.

성경공부를 시작할 때마다, 거룩한 사람들에게 영감을 주셔서 이 진리들을 기록하게 하신 성령께 그 진리들을 당신의 삶에서도 실제로 경험하게 해 달라고 기도하라. 성령께 각 본문이 의미하는 것을 이해하게 해 달라고 기도하라. 그리고 이 진리들을 당신의 삶에 적용하라. 말씀을 공부할 때는 진리에 대해 마음을 열라. 갈급한 심정으로 또한 통회하는 마음으로 말씀을 공부하라. 내 안에서 말씀의 능력을 베푸시는 성령을 신뢰하면서, 그분이 명령하시는 모든 것에 기꺼이 순종하라.

시편 저자는 "내가 주께 범죄하지 아니하려 하여 주의 말씀을 내 마음에 두었나이다."(시 119:11)라고 기록했다. 하나님의 말씀을 마음에 새겨 두라. 이른 아침이나 잠자리에 들기 전에 하나님과 그분의 귀중한 말씀을 대하며 홀로 시간을 보내라. 당신에게 특별히 의미 있는 구절들을 표시하고 그것들을 암송하라. 자신의 것이 될 때까지 그 구절들을 묵상하라. 체계적으로 배울 수 있는 성경공부 소그룹 모임에 참여하라. 하나님의 말씀을 공부하기 위해 시간을 투자하고 그분의 놀라운 사랑과 교제를 누리고 있다면, 당신의 삶은 성령의 능력으로 온전히 변화될 것이다.

이 단계를 공부하면서 당신에게 성경을 주신 하나님께 감사하기를 바란다. 그분의 거룩한 말씀을 날마다 읽으며 공부할 수 있는 자유를 주신 것도 하나님께 감사하라. 당신이 이 교재를 통해 배운 삶을 변화시키는 놀라운 진리들을 친구들과 사랑하는 사람들, 동료, 학생들이나 직장인들에게 나누라.

제1과

책 중의 책은?

학 습 목 표 : 성경의 독특성을 이해하고 그 구성을 알 수 있다.

성경은 하나님의 영감으로 기록된 거룩한 말씀이며 세상에서 가장 능력 있고 자주 인용되는 책이다. 현대사의 여러 위인들은 성경에 대한 깊은 존경심을 다음과 같이 표했다.

"성경은 하나님이 인간에게 주신 선물 중에서 최고의 선물임을 나는 믿는다. 이 세상의 구주로부터 받은 모든 좋은 것이 이 책을 통해 전달되었다."

– 에이브러햄 링컨(Abraham Lincoln)

"성경의 존재야말로 인류가 경험해 온 어떤 유익보다 위대한 것이다. 이 책을 낮게 평가하려는 어떤 시도도 인류에 대한 죄악이다."

– 임마누엘 칸트(Immanuel Kant)

"성경의 역사적 신빙성은 어떤 일반 역사보다 믿을 만한 확증이 있다."

– 아이작 뉴튼(Isaac Newton)

"내 생애에서 역경과 고난을 당할 때마다 성경은 항상 내게 빛과 힘이 되었다."

– 로버트 리(Robert E. Lee)

"내 사상이나 문체에 있어서 칭찬 받을 만한 것이 있다면 그것은 모두 내 부모가 어릴 때부터 성경을 사랑하도록 가르쳐준 덕택이다."

– 대니얼 웹스터(Daniel Webster)

성경은 구약 39권과 신약 27권으로 되어 있다. 성경의 중심인물은 예수 그리스도이다. 스크로기(W. Graham Scroggie) 박사는 다음과 같이 말한다. "성경의 배후에는 한 인물이 있다. 구약에서는 그에 대해 예언했고, 복음서에서는 그가 나타나셨고, 사도행전에서는 그가 전파되었고, 서신서에서는 사람들 속에 계시고, 요한계시록에서는 그가 사람들을 다스리신다."

성경의 놀라운 편집

성경의 구성은 참으로 놀랍다. 성경 66권의 책들은 성령의 영감을 받은 40여 명의 다른 저자들에 의해 쓰였다. 이 저자들은 다른 저자가 기록한 내용과 관계없이 독자적으로 성경을 기록했다. 그들에게는 공통된 것이 없었고 그들의 문학적 능력도 다양했다. 예를 들면, 모세는 당시 이집트의 최고 학부에서 교육을 받은 학식 있는 사람이었다. 반면에 베드로는 공식적인 교육을 받았다고 할 수 없는 어부였다. 그러나 각자는 성령의 능력으로 하나님의 지혜를 기록했다. 성경은 구약과 신약의 저자들에 의해 약 1,600년에 걸쳐 완성되었는데, 세 대륙에서 세 가지 언어(히브리어, 아람어, 헬라어)로 기록되었다. 사실, 성경은 66권의 책이라기보다 한 권의 책에 가깝다. 왜냐하면 내용면에서 서로 연관성이 있으며 진리 안에서 점진적으로 진행되기 때문이다. 성경의 편집 과정을 보면 결코 통일성이 없을 것처럼 보이지만 놀랍게도 시종일관 하나의 심포니처럼 통일과 조화를 이루고 있다. 성경을 충분한 시간을 갖고 신중하게 통독한 사람이라면 누구나 이 책이 한 권의 책임을 부인하지 못할 것이다.

"성경의 통일성에 관한 만족할 만한 대답은 단 하나이다. 하나님은 성경 저자들의 모든 능력이나 장점들을 사용하시고, 그들의 무능력이나 단점들로 실수하지 않도록 잘 보호하셨다. 그리하여 그들을 통해 말씀하시면서 그들이 그분의 거룩한 계획에 따라 성경을 쓰게 하셨다."

– 윌리엄 오어(William W. Orr)의

Ten Reasons Why I Believe The Bible Is The Word Of God

(성경이 하나님의 말씀이라고 믿는 열 가지 이유) 중에서

성경은 1,189장(구약 929장과 신약 260장)으로 구성되어 있고 삶을 변화시키는 메시지를 전달하기 위해 773,746개의 단어를 사용하고 있다. 이 문학적인 걸작은 역사와 법률, 시, 예언, 전기, 극적인 이야기, 서신과 계시를 담고 있다.

A.D. 5세기경 교회의 지도자들이 성경에 포함할 책의 목록을 결정했다. 그들은 영감으로 기록된 권위 있는 책들로 인정된 글들을 확인하는 작업을 하고, 그 책들을 "정경"이라고 명명했다.

1 성경에 대한 명칭

다음 구절들을 참고하여 성경에 대한 여러 가지 명칭들을 적어 보라.

고린도전서 15:3-4

에베소서 6:17

2 성경의 구성

성경은 크게 구약과 신약으로 나뉜다.

구약성경은 39권, 신약성경은 27권으로 구성되었다.

1) 구약성경의 분류

구약성경은 다섯 부분으로 분류할 수 있다.

(1) 모세오경 : 모세를 통해 기록된 성경의 첫 다섯 권은 세상의 창조로부터의 역사를 담고 있으며 율법서라고도 부른다.

* 모세오경에는 어떤 책들이 있는가?

(2) 역사서 : 모세오경 뒤에 나오는 12권의 책들은 이스라엘 왕국의 설립과, 하나님을 떠나 반복해서 죄를 지은 이스라엘 백성이 결국 하나님의 심판으로 앗시리아와 바벨론의 포로가 되는 이스라엘 민족의 역사를 다루고 있다.

* 역사서 12권의 이름을 시대별로 적어 보라.

왕국 이전 시대(3권) :

왕국 시대(6권):

포로기 및 그 이후 세대(3권):

(3) 시가서 : 구원받은 이스라엘 백성이 매일의 일상에서 어떻게 하나님의 말씀을 따라 살아야 하는지를 보여 주는 책으로, 운문 형식으로 되어 있다.

① 시가서 또는 지혜문학서에는 어떤 책들이 있는가?

② 하나님께서 시가서들을 통해 어려운 상황에 처해 있는 당신을 위로하고 힘을 주신 경험을 나누어 보라.

(4) 대선지서 : 이스라엘 백성이 포로로 잡혀가기 오래 전과 바로 직전 그리고 포로시대에 기록되었으며, 오실 메시아와 세상의 여러 사건들을 예언하고 있다. 또한 이스라엘이 악한 길에서 돌아오지 않을 경우 임할 재앙에 대한 경고를 포함하고 있으며 모세오경의 가르침인 하나님의 말씀을 따르고 하나님께 회개하고 돌아올 것을 호소한다.

* 대선지서 다섯 권에는 어떤 책들이 있는가?

(5) 12선지서 : 구약성경 중 마지막 12권을 12선지서(소선지서)라고 한다.
이 선지서들은 주로 이스라엘과 오실 메시아에 대해 기록하고 있다.

* 12선지서에는 어떤 책들이 있는가?

2) 신약성경의 분류

신약성경도 다섯 부분으로 분류할 수 있다.

(1) 복음서 : 신약성경 중 첫 네 권은 예수 그리스도의 생애와 사역에 대해 가르쳐준다.

① 복음서에는 어떤 책들이 있는가?

② 복음서의 핵심 주제는 무엇인가?

(2) 사도행전 : 베드로와 바울을 중심으로 초대교회의 사역을 기록하고 있는 단 한권의 초대교회 역사서이다.

* 사도행전이 오늘날 우리에게 주는 중요한 의미는 무엇인가?

(3) 바울 서신과 히브리서 : 바울 서신은 바울이 쓴 13권의 편지로, 편지를 받는 사람이나 교회에 따라 이름을 붙였다(예: 골로새 성도들에게 보내는 편지 → 골로새서). 히브리서는 저자와 원래의 수신인이 알려지지 않았지만 학자들은 바나바, 바울, 누가, 아볼로 등으로 추측하며, 일반적으로 유대인 그리스도인에게 보내진 편지라고 말한다.

① 바울이 쓴 편지에는 어떤 책들이 있는가?

바울 서신 중 디모데전서, 디모데후서, 디도서는 특별히 목회서신이라고 부른다. 교회의 지도자들이 성도들을 잘 섬길 수 있도록 가르치기 위해 쓴 서신서이다.

② 바울은 왜 편지를 썼을까?

(4) 일반서신 : 7권의 일반서신은 수신인이 아니라 저자에 따라 이름이 붙여졌다.

* 일반서신에는 어떤 책들이 있는가?

(5) 요한계시록 : 신약성경의 마지막 책은 예언서이다. 이 책은 마지막 때와 다시 오실 그리스도의 승리를 묘사하고 있다.

① 이 책의 핵심 메시지는 무엇인가? (계 22:12-17)

② 요한계시록에서는 하나님의 말씀에 대해 무엇을 가르치고 있는가?

계 1:3; 22:7

계 22:18-19

그리스도인에게 성경이 왜 그렇게 중요한가?

첫째, 성경은 성령의 감동으로 기록된 하나님의 말씀이다. 사도 바울은 "모든 성경은 하나님의 감동으로 된 것으로 교육과 책망과 바르게 함과 의로 교육하기에 유익하니 이는 하나님의 사람으로 온전하게 하며 모든 선한 일을 행할 능력을 갖추게 하려 함이라."(딤후 3:16-17)고 기록했다.

둘째, 성경은 우리 믿음의 근거이다. 성령의 감동으로 기록된 하나님의 말씀인 성경은 '우리가 어떻게 살아야 하는가?'에 대한 하나님의 관점을 보여 준다. 성경은 우리 죄에 대한 하나님의 용서를 제공하고, 우리 인생에 대한 하나님의 목적을 보여 주며, 혼란한 세상에서 평화롭게 살아가는 법을 알려 주고, 하나님의 능력을 활용해서 우리 주 예수 그리스도를 위해 열매 맺는 증인이 될 수 있게 해준다.

셋째, 성경은 사람에게 보내는 하나님의 연애 편지이다. 창세기부터 요한계시록까지 성경은 우리를 위한 하나님의 크신 사랑과 우리와 교제를 나누고 싶어 하시는 갈망에 대해 이야기하고 있다. 성경에서 가장 사랑받는 구절인 요한복음 3:16은 우리를 향한 하나님의 사랑을 잘 요약해 준다.

"하나님이 세상을 이처럼 사랑하사 독생자를 주셨으니 이는 그를 믿는 자마다 멸망하지 않고 영생을 얻게 하려 하심이라."

넷째, 성경은 하나님의 속성을 보여 준다. 성경은 하나님이 주권자이시고, 거룩하시며, 의로우시고 공평하신 것과 사랑이 많으시며 자비롭고 은혜로우시며 오래 참으시며 신실하시다는 것을 말해 준다. 우리가 그분이 누구신지 알고 우리에 대한 그분의 계획이 얼마나 거룩하고 놀라운 것인지를 알게 된다면 그분을 신뢰하는 데 전혀 문제가 없을 것이다. 또한 성경은 인간의 내면을 드러내 준다. 말씀은 우리의 태도와 행동에 있는 연약한 부분을 드러내고 우리 마음의 은밀한 곳 즉 우리의 동기, 비밀스런 감정, 숨겨진 욕망까지도 드러내 준다. 성경은 성령의 능력으로 우리를 바로 잡을 수 있도록 해준다.

다섯째, 하나님의 말씀은 거룩한 삶을 사는 법과 우리 주님을 위해 열매 맺는 증인이 되는 법을 가르쳐줄 뿐만 아니라, 그렇게 살 수 있는 능력을 주신다. 우리가 하나님의 말씀을 더 많이 읽고 묵상하면 할수록, 그리고 성령께서 우리의 삶을 주관하면 하실수록 더 많은 열매를 맺게 된다.

당신은 날마다 하나님의 말씀을 묵상하는 데 시간을 보내고 있는가? 그렇지 않다면 오늘부터 시작하라. 이 과를 공부하면서 새롭고 신선한 방법으로 하나님 자신을 당신에게 나타내 주시도록 간구하고 당신을 위한 하나님의 뜻을 당신의 마음에 말씀해 주시도록 기도하라. 그리스도인으로 살기 위해 날마다 하나님의 말씀을 의지하라.

적용

1. 이 과에서 당신에게 가장 의미 있는 것은 무엇인가?

2. 성경을 잘 알고 성경구절을 빨리 찾을 수 있도록 책의 이름을 순서에 따라 외우면 좋다.

〈출처 : 찬미예수2000〉

외울 말씀 디모데후서 3:16-17

모든 성경은 하나님의 감동으로 된 것으로 교훈과 책망과 바르게 함과 의로 교육하기에 유익하니 이는 하나님의 사람으로 온전하게 하며 모든 선한 일을 행할 능력을 갖추게 하려 함이라

읽을 말씀 사도행전 15-16장

제2과

성경의 주인공은?

학 습 목 표 : 성경은 하나님이 우리에게 주신 계시로서, 그 전체가 예수 그리스도에 대한 것임을 이해할 수 있다.

> 예수님은 성경의 중심인물이자 주인공이시다. 구약성경 저자들은 그분이 유대인의 메시아요 세상의 구세주로서 탄생하실 것을 예언했다. 구약성경은 예수님의 오심에 대해 300회 이상 상세하게 예언했다. 그리스도는 메시아의 탄생, 생애, 죽음과 부활에 관한 구약성경의 예언을 모두 성취하셨다.

신약성경은 예수 그리스도가 성경의 모든 예언의 중심임을 한층 더 혁명적으로 주장한다. 신약성경의 히브리서는 '옛날에 하나님께서 여러 선지자들을 통해 그분의 계획을 여러 가지 방법(비전, 꿈, 얼굴을 대면하여)으로 우리 조상들에게 조금씩 말씀하셨다. 그러나 지금 이 시대에서는 하나님께서 모든 것을 주신 그분의 아들, 즉 온 세상을 만드신 분을 통해서 우리에게 말씀하신다.'(히 1:1-2, 쉽게 번역함)고 선언하고 있다.

그리고 에베소서에서는 '하나님께서 자신의 기쁘신 뜻을 따라 그리스도 예수 안에서 미리 세우신 자신의 비밀스런 계획을 우리에게 알려 주셨다. 그 계획은 때가 차면 하나님께서 하늘과 땅에 있는 모든 것들을 그리스도 안에서 한데 모아 그리스도를 머리로 하여 하나로 통일시키는 것이다.'(엡 1:9-10, 쉽게 번역함)라고 말한다.

방대한 구약성경 예언들이 유일한 분, 나사렛 예수 그리스도 안에서 정확하게 이루어졌다. 예수님은 자신이 옛적에 예언되었던 메시아라고 말씀하시면서 시간 속으로 들어오셨다. 그리고 구약 예언의 퍼즐 조각들이 맞춰져 우리는 예수님이 하나님께서 사람에게 주신 계시의 중심이라는 것을 분명하게 알 수 있게 되었다.

1 구약성경과 그리스도에 대한 예수님의 증언

1) 예수 그리스도는 성경에 대해 어떻게 말씀하셨는가? (요 5:39)

> 요한복음 5:39 너희가 성경에서 영생을 얻는 줄 생각하고 성경을 연구하거니와 이 성경이 곧 내게 대하여 증언하는 것이니라

2) 누가복음 24:25-27과 44-48을 읽으라.

(1) 예수님은 구약성경의 어느 부분이 자신에 관해 기록하고 있다고 말씀하셨는가? (44절)

(2) 아래 구절에 의하면 예수께서 구약성경을 통해 우리가 깨닫기 원하시는 것은 무엇인가?

누가복음 24:26 :

누가복음 24:46-47 :

2 구약성경과 그리스도에 대한 사도들의 증언

1) 베드로가 유대인들에게 예수님에 대해 어떻게 선포하고 있는가? (행 3:18)

> 사도행전 3:18 그러나 하나님이 모든 선지자의 입을 통하여 자기의 그리스도께서 고난 받으실 일을 미리 알게 하신 것을 이와 같이 이루셨느니라

2) 신약성경이 아직 기록되지 않은 상황에서 사도 바울은 구약성경에 그리스도에 대한 복음이 들어 있음을 어떻게 보여 주었나? (행 17:1-3)

3) 바울이 구약성경에서 가르친다고 말하는 그리스도의 생애에 일어난 세 가지 일들은 무엇인가? (고전 15:3-4)

> 고린도전서 15:3-4 [3]내가 받은 것을 먼저 너희에게 전하였노니 이는 성경대로 그리스도께서 우리 죄를 위하여 죽으시고 [4]장사 지낸 바 되셨다가 성경대로 사흘 만에 다시 살아나사

4) 바울이 예수 그리스도의 사역에 대해 내린 결론은 무엇인가? (롬 15:8-9)

> 로마서 15:8-9 8내가 말하노니 그리스도께서 하나님의 진실하심을 위하여 할례의 추종자가
> 되셨으니 이는 조상들에게 주신 약속들을 견고하게 하시고 9이방인들도 그 긍휼하심으로 말미
> 암아 하나님께 영광을 돌리게 하려 하심이라 기록된 바 그러므로 내가 열방 중에서 주께 감사
> 하고 주의 이름을 찬송하리로다 함과 같으니라

로마서 15:8-9의 의미

그리스도께서 '할례의 추종자가 되셨다.'는 의미는 그리스도가 할례 받은 사람들, 즉 유대인들의 종이 되셨다는 의미로, 예수님께서 이스라엘을 위한 메시아로서 유대인으로 태어나신 것을 일컫는다. 하나님께서는 예수님의 사역을 통해 두 가지를 성취하시기를 원하신다. 첫째, 조상들에게 하신 약속(아브라함 언약, 다윗 언약 등)을 견고하게(확실하게) 하시고 둘째, 이방인들이 하나님의 자비하심(긍휼하심)으로 말미암아 하나님께 영광을 돌리게 하는 것이다. 하나님은 이방인들과 언약을 맺지 않으셨기 때문에 그들에게 은혜를 베풀어야 할 의무가 없으시다. 그래서 이방인들에게 주시는 모든 영적인 복은 순수하게 하나님의 자비하심의 결과임을 알려 주시려는 것이다. 그러므로 이방인들은 하나님을 찬양할 수밖에 없다.

3 신약성경에서 성취된 그리스도에 대한 구약성경의 예언들

구약성경에서 메시아의 초림에 대한 300가지 이상의 예언이 모두 예수 그리스도의 생애에서 성취되었다. 그 중 몇 가지를 제시한다.

1) 다음 성구들을 비교하여 참조하고 성취된 예언들을 기록해 보라.

비교		성취
삼상 16:19; 사 11:1	눅 1:31-33	이새의 자손/다윗은 예수님의 "조상"이었다.
창 3:15	갈 4:4	
민 24:17	마 2:2, 9	야곱의 별 / 예수님이 태어났을 때 동방박사들이 별을 보았다. (민수기 24:17의 '별'과 '규'는 왕을 상징했다.)
사 9:6	마 1:23	
사 40:3	마 3:1-3	광야에서 외치는 소리 / 세례 요한이 와서 광야에서 외침
슥 9:9	마 21:1-11	
시 69:21	마 27:34	
시 34:20	요 19:33, 36	뼈가 하나도 꺾이지 아니함 / 예수님의 다리를 꺾지 않음

2) 구약성경의 예언과 신약성경의 성취를 보면서 당신은 무엇을 느꼈는가?

4 신약성경의 중심인물, 그리스도

1) 4복음서는 그리스도의 사역을 기록해 놓은 책이다.
(마 1:1; 막 1:1; 눅 1:1-4; 요 20:30-31을 읽으라.)

(1) 예수님의 제자들은 예수님을 어떻게 알았는가? (요일 1:1)

요한일서 1:1 태초부터 있는 생명의 말씀에 관하여는 우리가 들은 바요 눈으로 본 바요 자세히 보고 우리의 손으로 만진 바라

(2) 4복음서의 저자들은 예수님께서 행하신 것들을 모두 기록하려고 하지 않았다. 그들이 예수 그리스도에 대한 역사적 사실과 그분의 교훈을 중심으로 기록한 목적은 무엇인가? (요 20:30-31)

요한복음 20:30-31
30예수께서 제자들 앞에서 이 책에 기록되지 아니한 다른 표적도 많이 행하셨으나
31오직 이것을 기록함은 너희로 예수께서 하나님의 아들 그리스도이심을 믿게 하려 함이요 또 너희로 믿고 그 이름을 힘입어 생명을 얻게 하려 함이니라

2) 사도행전은 사도들을 통한 성령의 행적을 기록해 놓은 역사서이다.

(1) 누가복음과 사도행전은 서로 어떻게 관련되는가? (눅 1:1-4; 행 1:1-5)

누가복음은 예수님이 이 세상에서 가르치시고 전도하시고 우리를 위해 죽고 부활하신 것을 기록했고, 사도행전은 사도들을 중심으로 예수님을 전하는 과정을 기록하고 있다.

(2) 오순절에 모인 사람들에게 베드로가 전한 메시지의 핵심은 무엇이었는가? (행 2:36)

(3) 초대교회 그리스도인들이 가장 중요하게 여긴 것은 무엇인가? (행 5:42)

(4) 바울이 에베소 교회 교인들에게 전했던 것은 무엇인가? (행 20:20-21)

(5) 바울은 로마에서 무엇을 전했는가? (행 28:31)

사도행전은 성령께서 사도들과 예수님의 제자들을 통하여 예루살렘과 온 유대와 사마리아와 땅 끝까지 예수님이 구주요 그리스도이심을 전해 가는 과정을 그리고 있다.

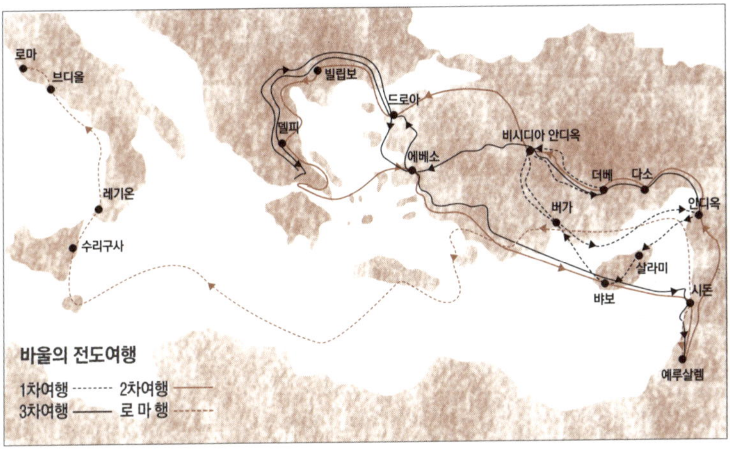

3) 서신서는 예수 그리스도의 생명이 성도들의 삶속에서 그리고 교회 안에서 실제로 역사하고 있는 것을 보여 주기 위해 쓴 편지이다.

골로새서 2:6-8을 읽으라.

골로새서 2:6-8 [6]그러므로 너희가 그리스도 예수를 주로 받았으니 그 안에서 행하되 [7]그 안에 뿌리를 박으며 세움을 받아 교훈을 받은 대로 믿음에 굳게 서서 감사함을 넘치게 하라 [8]누가 철학과 헛된 속임수로 너희를 사로잡을까 주의하라 이것은 사람의 전통과 세상의 초등학문을 따름이요 그리스도를 따름이 아니니라

(1) 그리스도인은 어떻게 살아야 하는가? (6절)

(2) 우리는 어떻게 그렇게 살 수 있는가? (7절)

(3) 우리는 무엇을 조심해야 하는가? (8절)

4) 요한계시록은 신약성경의 유일한 예언서이다. 요한계시록 1:1-3을 읽으라.

(1) 이 책은 누구에 대한 계시인가?

(2) 계시의 목적은 무엇인가?

(3) 계 1:16-18에 의하면 예수님은 어떤 분이신가?

적용

1. 이 과에서 당신에게 가장 의미 있는 것은 무엇인가?

2. 예수님이 성경 전체의 주인공, 즉 중심인물임을 아는 것이 구약을 읽는 데 어떤 영향을 미치는가?

3. 앞에서 배운 성경 각 권의 이름들을 아래에 적어 복습해 보라.

외울 말씀 요한복음 5:39
너희가 성경에서 영생을 얻는 줄 생각하고 성경을 연구하거니와 이 성경이 곧 내게 대하여 증언하는 것이니라

읽을 말씀 사도행전 17-18장

제3과

구약성경, 믿을 만한가?

학 습 목 표 : 구약성경의 신빙성을 살펴봄으로써 성경의 권위에 대한 확신을 얻을 수 있다.

구약성경의 저자들은 구약성경이 하나님의 영감으로 쓰여진 권위있는 하나님의 말씀이라고 여겼다. 출애굽기에서는 "모세가 여호와의 모든 말씀을 기록하고"(출 24:4)라고 말하고 있다. 예수님과 신약의 저자들 그리고 초대교회 역시 구약성경의 권위를 확신했다.

예수님은 이 땅에서 사역하는 동안에 자주 구약성경을 인용하셨다. 유대인의 불신에 직면했을 때 "성경은 폐하지 못하나니"(요 10:35)라고 말씀하셨다. 산상수훈에서 예수님은 "진실로 너희에게 이르노니 천지가 없어지기 전에는 율법의 일점일획도 결코 없어지지 아니하고 다 이루리라"(마 5:18)고 선언하셨다. 성전에서 가르치실 때 예수님은 시편 110: 1을 인용하셨고 다윗이 성령에 의해 말했다고 말씀하셨다(막 12:35-36).

누가는 예수님께서 부활하신 후에 제자들에게 나타나셔서 "내가 너희와 함께 있을 때에 너희에게 말한 바 곧 모세의 율법과 선지자의 글과 시편에 나를 가리켜 기록된 모든 것이 이루어져야 하리라 한 말이 이것이라."고 말씀하시면서 "그들의 마음을 열어 성경을 깨닫게 하셨다."고 기록하고 있다(눅 24:44-45). 유대인들은 구약성경 전체를 나타낼 때 율법, 선지서, 시편이라는 표현을 사용했다.

그리스도의 탄생에 관하여 마태는 "이 모든 일이 된 것은 주께서 선지자로 하신 말씀을 이루려 하심이니"(마 1:22)라고 기록하고 있다. 누가는 예수님의 탄생에 대하여 사가랴(세례 요한의 아버지)의 노래를 인용하면서 "이것은 주께서 예로부터 거룩한 선지자의 입으로 말씀하신 바와 같이"(눅 1:70)라고 단언한다. 그리고 사도행전에서 베드로는 예수님을 배반하는 유다의 운명에 대해서 "형제들아 성령이 다윗의 입을 통하여 예수 잡는 자들의 길잡이가 된 유다를 가리켜 미리 말씀하신 성경이 응하였으니 마땅하도다."(행 1:16)라고 말했다.

흔히 많은 다른 성경구절에서 "성경을 응하게 하려 함이라."(요 19:24, 36) 또는 "이렇게 기록된 바"(마 2:5)라는 말을 사용하여 구약성경의 권위를 증명하고 있다. 베드로는 "먼저 알 것은 성경의 모든 예언은 사사로이 풀 것이 아니니 예언은 언제든지 사람의 뜻으로 낸 것이 아니요 오직 성령의 감동하심을 받은 사람들이 하나님께 받아 말한 것임이라."(벧후 1:20-21)고 말했다.

초대교회가 성장하면서 교리의 차이가 나타나게 되었다. 그러나 교부들의 가르침에 조금씩 다른 면이 있었을지라도 한 가지 사실, 즉 구약성경 전체에 나타난 하나님의 말씀은 성육신하신 그리스도께서 성령의 감동을 받은 사람을 통해 말씀하신 것이라는 사실에 대해서는 모두 동의했다. 그들은 바울이 디모데에게 쓴 "모든 성경은 하나님의 감동으로 된 것으로 교훈과 책망과 바르게 함과 의로 교육하기에 유익하니"(딤후 3:16)라는 말씀을 확실히 믿었다. 다른 교리와는 달리 성경의 권위는 토론의 여지가 없었다.

성경의 절대적 권위에 대한 확신은 신앙의 기초가 된다. 이 과를 기도하면서 주의 깊게 공부하라. 그리하여 다른 사람들에게 하나님의 거룩한 말씀에 대한 확실성과 이 말씀을 하나님께서 기록하셨다는 확신을 심어 주기 바란다.

1 구약성경 저자들의 증거

1) 구약성경에 '여호와께서 말씀하시기를'과 유사한 표현들이 약 2,000회 이상 나온다.

(1) 다음의 성경 저자들은 그들이 받은 영감에 대해 어떻게 표현했는가?

다윗(삼하 23:2) :

이사야(사 8:1, 5, 11) :

예레미야(렘 1:9) :

에스겔(겔 3:4) :

(2) 위의 내용들의 공통점과 차이점은 무엇인가?

2) 출애굽기 31:18과 32:16에서 모세의 진술을 통해 무엇을 알 수 있는가?

출애굽기 31:18 여호와께서 시내 산 위에서 모세에게 이르시기를 마치신 때에 증거판 둘을 모세에게 주시니 이는 돌판이요 하나님이 친히 쓰신 것이더라
출애굽기 32:16 그 판은 하나님이 만드신 것이요 글자는 하나님이 쓰셔서 판에 새기신 것이더라

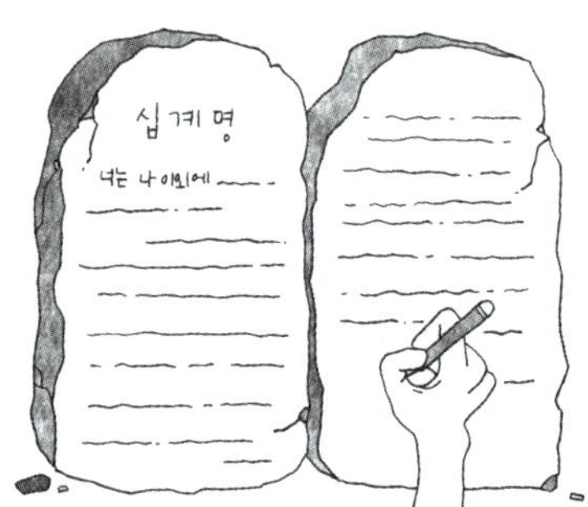

3) 다윗 왕은 하나님께서 성전 양식에 대해 직접 지시해 주셨다는 것을 어떻게 말하고 있는가? (대상 28:19)

역대상 28:19 다윗이 이르되 여호와의 손이 내게 임하여 이 모든 일의 설계를 그려 나에게 알려 주셨느니라

2 그리스도의 증거

신약성경은 예수님이 세상에 계실 동안에 기록된 것이 아니다. 따라서 예수님이 언급하신 성경은 구약성경이다. 그분은 결코 구약성경을 부정하거나 가볍게 여기지 않으셨다. 오히려 자신의 삶과 사역을 구약성경의 성취라고 말씀하심으로써 자신과 구약성경을 관련지으셨다. 그분은 "이 성경이 곧 내게 대하여 증언하는 것이니라."(요 5:39)고 말씀하셨다.

1) 구약성경의 예언을 믿지 않는 사람들을 가리켜 예수님은 어떻게 말씀하셨는가? (눅 24:25)

2) 구약성경을 믿지 않는 것의 결과는 무엇인가? (요 5:46-47)

요한복음 5:46-47 [46]모세를 믿었더라면 또 나를 믿었으리니 이는 그가 내게 대하여 기록하였음이라 [47]그러나 그의 글도 믿지 아니하거든 어찌 내 말을 믿겠느냐 하시니라

3) 그리스도는 구약성경의 예언에 대한 자신의 책임이 무엇이라고 생각했는가? (마 5:17-18)

마태복음 5:17-18 [17]내가 율법이나 선지자를 폐하러 온 줄로 생각하지 말라 폐하러 온 것이 아니요 완전하게 하려 함이라 [18]진실로 너희에게 이르노니 천지가 없어지기 전에는 율법의 일점 일획도 결코 없어지지 아니하고 다 이루리라

4) 예수님은 무슨 권위로 대답하셨는가?

(1) 사탄에게 대답하실 때 (마 4:4, 7, 10)

(2) 사람들에게 대답하실 때 (마 22:29-32, 43-46)

5) 구약성경에 대한 그리스도의 태도와 견해를 요약해서 써 보라.

3 사도들의 증거

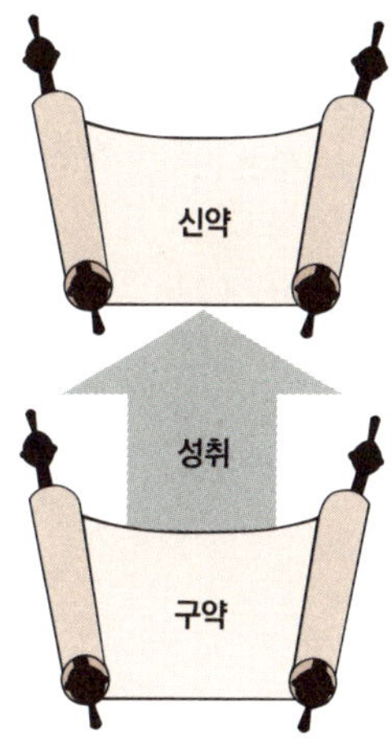

영감을 받은 사도들은 그들의 글을 통해 구약성경이 예수 그리스도에 대해 예언하고 있으며, 예수 그리스도의 권위와 권능과 사역은 구약성경과 뗄 수 없는 관계라는 것을 분명하게 말해 주고 있다.

1. 베드로

(1) 베드로는 구약성경이 누구로부터 주어진 것이라고 말했는가? (벧후 1:21; 행 1:16)

베드로후서 1:21 예언은 언제든지 사람의 뜻으로 낸 것이 아니요 오직 성령의 감동하심을 받은 사람들이 하나님께 받아 말한 것임이라

사도행전 1:16 형제들아 성령이 다윗의 입을 통하여 예수 잡는 자들의 길잡이가 된 유다를 가리켜 미리 말씀하신 성경이 응하였으니 마땅하도다

(2) 구약성경의 말씀이 누구를 통해서 우리에게 주어졌다고 말하는가? (행 3:20-21)

사도행전 3:20-21 [20]또 주께서 너희를 위하여 예정하신 그리스도 곧 예수를 보내시리니 [21]하나님이 영원 전부터 거룩한 선지자들의 입을 통하여 말씀하신 바 만물을 회복하실 때까지는 하늘이 마땅히 그를 받아 두리라

2) 바울

(1) 바울에 의하면, 구약성경이 어떻게 기록되었다고 말하는가? (딤후 3:16)

디모데후서 3:16 모든 성경은 하나님의 감동으로 된 것으로 교훈과 책망과 바르게 함과 의로 교육하기에 유익하니

3) 야고보

(1) 야고보는 구약성경의 인물들을 언급함으로써 구약성경의 권위를 인정했다. 누구를 언급했는가?

- 야고보서 2:21 :
- 야고보서 2:25 :
- 야고보서 5:17 :

적용

1. 이 과에서 당신에게 가장 의미 있는 것은 무엇인가?

2. 이 과의 내용이 구약성경의 권위를 확신하도록 당신에게 어떤 도움을 주었는지 나눠 보라.

외울 말씀 마태복음 5:17-18

17내가 율법이나 선지자를 폐하러 온 줄로 생각하지 말라 폐하러 온
것이 아니요 완전하게 하려 함이라 18진실로 너희에게 이르노니 천지가
없어지기 전에는 율법의 일점 일획도 결코 없어지지 아니하고 다
이루리라

읽을 말씀 사도행전 19-20장

제4과

신약성경, 믿을 만한가?

학 습 목 표 : 신약성경의 신빙성을 살펴봄으로써 성경의 권위에 대해 확신할 수 있다.

이 과를 공부하기 전에 신약성경을 대충 훑어보라. 그 기원과 27권의 책이 어떻게 한 권으로 모아졌는지 생각해 본 적이 있는가?

신약성경의 첫 권이 A.D. 50년 이후에 쓰였을 것이라는 학계의 정설에 따르면 교회는 예수님의 승천 후 처음 20년 동안은 '신약성경'을 갖고 있지 않았을 것이다. 그 대신 초대 그리스도인들은 구약성경과 예수님의 제자들이 현장에서 목격한 이야기에 의존했다. 기독교는 예수님의 설교로 시작되었지만 그분을 따랐던 제자들의 신실한 증거를 통해 구전으로 퍼졌다. 결과적으로 구전 복음과 교회에 보낸 사도들의 글들이 신약성경으로 보존되었다.

신약성경은 바울의 글로 시작해서 한 권씩 생겨났다. 바울이 교회들을 세웠을 때 편지로 그들과 연락을 했다. 데살로니가 교인들에게 쓴 편지를 시작으로 바울은 죽을 때까지 교회의 성도들과 서신 왕래를 했다. 그의 편지들은 필사되고 수집되어 모든 그리스도인 공동체의 구성원들이 다 알게 될 때까지 교회들이 돌아가면서 읽었다. 시간이 지나면서 살아 있는 목격자들의 수가 적어지자 그들의 이야기들을 보존하기 위해 복음서들이 기록되었다. 마가가 그의 복음서를 처음으로 기록했고 마태와 누가, 요한이 차례로 복음서를 기록했다. 바울의 편지들과 복음서들에 이어 다른 서신서들과 사도행전, 그리고 요한계시록이 뒤이어 기록되었다. 교회는 1세기 말쯤에 신약성경의 모든 책들을 소유하게 되었다.

그러나 신약성경 27권의 책들은 초대교회 그리스도인들이 쓴 수많은 책들 중 지극히 일부일 뿐이다. 수많은 책들이 그리스도의 말씀과 가르침을 재해석하려고 시도했다. 200년 이상 교부들은 이런 많은 책들 중 어느 것을 성령의 인도와 영감으로 쓰인 책으로 여겨야 할지, 그리고 어느 책을 교회의 공적인 예배에서 읽도록 승인해야 할지 결정하지 못했다. 그리스도인들 안에 믿음과 행함이 하나가 되어야 할 필요성을 느낀 교부들은 점차적으로 예수님의 가르침과 일치되는 책과 그렇지 않은 것들을 구분하게 되었다. 그 후 권위가 인정되는 책의 목록이 성령의 영향으로 천천히 그리고 점진적으로 나타났으며 그리스도인들 대부분이 현재의 신약성경을 구성하고 있는 27권의 책을 받아들이게 되었다.

"하늘과 땅은 없어질지라도
내 말은 없어지지 않을 것이다."

1 그리스도께서 사도들에게 주신 권위

1) 그리스도는 성령께서 사도들을 위해 무엇을 하실 것이라고 말씀하셨는가?
네 가지를 적어 보라. (요 16:12-15)

(1) 왜 사도들은 그 당시에 모든 진리를 알 수 없었을까? (참고. 요 16:12)

(2) 오순절 성령이 오신 이후에 사도들은 어떻게 되었는가? (참고. 요 16:13; 행 2장)

2) 그리스도는 사도들에게 어떤 권위를 부여하셨는가? (요 17:18, 20:21)

요한복음 17:18 아버지께서 나를 세상에 보내신 것 같이 나도 그들을 세상에 보내었고
요한복음 20:21 예수께서 또 이르시되 너희에게 평강이 있을지어다 아버지께서 나를 보내신 것 같이 나도 너희를 보내노라

3) 그리스도는 무엇을 근거로 자신을 증거할 사도들을 선택하셨는가? (요 15:26-27, 참고. 눅 24:46-48)

요한복음 15:26-27 [26]내가 아버지께로부터 너희에게 보낼 보혜사 곧 아버지께로부터 나오시는 진리의 성령이 오실 때에 그가 나를 증언하실 것이요 [27]너희도 처음부터 나와 함께 있었으므로 증언하느니라

4) 사도행전 9:3-6과 고린도전서 15:7-9에 의하면 바울은 어떤 점에서 사도로 적합했는가?

5) 그리스도는 바울에게 어떤 권위를 부여하셨는가? (행 26:15-18)

사도행전 26:15-18 [15]내가 대답하되 주님 누구시니이까 주께서 이르시되 나는 네가 박해하는 예수라 [16]일어나 너의 발로 서라 내가 네게 나타난 것은 곧 네가 나를 본 일과 장차 내가 네게 나타날 일에 너로 종과 증인을 삼으려 함이니 [17]이스라엘과 이방인들에게서 내가 너를 구원하여 그들에게 보내어 [18]그 눈을 뜨게 하여 어둠에서 빛으로, 사탄의 권세에서 하나님께로 돌아오게 하고 죄 사함과 나를 믿어 거룩하게 된 무리 가운데서 기업을 얻게 하리라 하더이다

2 그리스도의 권위로 신약성경을 기록한 사도들

1) 바울

(1) 그는 로마서의 첫머리에서 자신을 무엇이라고 불렀는가? (롬 1:1)

(2) 그가 전파한 것은 누구에게서 받은 것이라고 말했는가? (갈 1:11-12)

갈라디아서 1:11-12 11형제들아 내가 너희에게 알게 하노니 내가 전한 복음은 사람의 뜻을 따라 된 것이 아니니라 12이는 내가 사람에게서 받은 것도 아니요 배운 것도 아니요 오직 예수 그리스도의 계시로 말미암은 것이라

(3) 베드로는 바울의 글에 대해 어떻게 생각했는가? (벧후 3:15)

베드로후서 3:15 또 우리 주의 오래 참으심이 구원이 될 줄로 여기라 우리가 사랑하는 형제 바울도 그 받은 지혜대로 너희에게 이같이 썼고

(4) 베드로는 신약성경을 억지로 풀어 잘못 사용하는 사람들에 대해서 어떻게 생각했는가? (벧후 3:16)

베드로후서 3:16 또 그 모든 편지에도 이런 일에 관하여 말하였으되 그 중에 알기 어려운 것이 더러 있으니 무식한 자들과 굳세지 못한 자들이 다른 성경과 같이 그것도 억지로 풀다가 스스로 멸망에 이르느니라

2) 히브리서 저자

(1) 히브리서 저자가 말한 권위의 근원은 누구인가? (히 1:1-2)

3) 야고보

(1) 예수님의 형제인 야고보는 어떤 권위로 야고보서를 보냈는가? (약 1:1)

4) 요한

(1) 요한은 무슨 권위로 서신서를 기록한다고 주장하는가? (요일 1:1-3)

(2) 요한계시록은 어떻게 기록되었는가? (계 1:1)

5) 유다

(1) 예수님의 다른 형제인 유다는 유다서 1절에서 자신을 무엇이라고 불렀는가?

(2) 바울과 야고보, 유다가 자신들을 그리스도의 종이라고 말한 것은 무엇을 의미하는가?

6) 베드로

(1) 베드로는 자신을 무엇이라고 불렀는가? (벧전 1:1)

(2) 베드로는 사람들에게 무엇을 알려 주었으며 그 가르침의 권위의 근거는 무엇인가? (벧후 1:16)

베드로후서 1:16 우리 주 예수 그리스도의 능력과 강림하심을 너희에게 알게 한 것이 교묘히 만든 이야기를 따른 것이 아니요 우리는 그의 크신 위엄을 친히 본 자라

7) 사도들이 그리스도에 관하여 정확하게 썼다고 확신한 근거는 무엇인가? (고후 4:5-6)

고린도후서 4:5-6 5우리는 우리를 전파하는 것이 아니라 오직 그리스도 예수의 주 되신 것과 또 예수를 위하여 우리가 너희의 종 된 것을 전파함이라 6어두운 데에 빛이 비치라 말씀하셨던 그 하나님께서 예수 그리스도의 얼굴에 있는 하나님의 영광을 아는 빛을 우리 마음에 비추셨느니라

8) 예수 그리스도의 교회는 어디에 근거를 두고 세워졌는가? (엡 2:20)

에베소서 2:20 너희는 사도들과 선지자들의 터 위에 세우심을 입은 자라 그리스도 예수께서 친히 모퉁잇돌이 되셨느니라

적용

1. 이 과에서 당신에게 가장 의미 있는 것은 무엇인가?

2. '절대 진리는 없다'는 포스트모더니즘의 모토 속에서 성경이 절대 진리인 하나님의 말씀이라는 것을 당신은 어떻게 확신하는가? 또 그것을 다른 사람들에게 어떻게 드러낼 수 있겠는가?

외울 말씀 마태복음 24:35
천지는 없어질지언정 내 말은 없어지지 아니하리라

읽을 말씀 사도행전 21-22장

제5과

말씀의 능력 경험하기

학 습 목 표 : 일상생활 속에서 하나님의 말씀의 능력을 경험하고자 한다.

국제 CCC 창설자인 고(故) 빌 브라이트(Bill Bright) 박사는 성경의 중요성에 대해 다음과 같이 말한다.

"예수 그리스도를 믿는 신자가 되기 전에는 하나님의 말씀은 내게 별 의미가 없었다. 고등학교와 대학시절 가끔 말씀을 읽으려고 애썼지만 지루하기만 했다. 결국 진정한 지성인이라면 성경을 믿을 수 없을 것이라는 결론을 내렸다. 그러나 그리스도인이 되었을 때 내 삶은 완전히 변했고 성경에 대한 나의 태도도 바뀌었다. 나는 성경이 하나님의 영감으로 기록된 거룩한 하나님의 말씀이라는 것을 깨달았다. 지난 50년 동안 나에게는 내 서재에 진열되어 있는 수천 권의 책들보다 성경이 더 중요했다."

1 하나님의 말씀의 능력

1) 우리의 영적 성숙에 있어서 하나님 말씀의 역할은 무엇인가?

(1) 베드로전서 1:23

(2) 베드로전서 2:2

(3) 로마서 10:17

로마서 10:17 그러므로 믿음은 들음에서 나며 들음은 그리스도의 말씀으로 말미암았느니라

(4) 요한복음 8:31-32

(5) 요한복음 17:17

(6) 요한일서 2:5

요한일서 2:5 누구든지 그의 말씀을 지키는 자는 하나님의 사랑이 참으로 그 속에서 온전하게 되었나니 이로써 우리가 그의 안에 있는 줄을 아노라

(7) 시편 19:7-8

시편 19:7-8 7여호와의 율법은 완전하여 영혼을 소성시키며 여호와의 증거는 확실하여 우둔한 자를 지혜롭게 하며 8여호와의 교훈은 정직하여 마음을 기쁘게 하고 여호와의 계명은 순결하여 눈을 밝게 하시도다

(8) 디모데후서 3:15-16

디모데후서 3:15-16 15또 어려서부터 성경을 알았나니 성경은 능히 너로 하여금 그리스도 예수 안에 있는 믿음으로 말미암아 구원에 이르는 지혜가 있게 하느니라 16모든 성경은 하나님의 감동으로 된 것으로 교훈과 책망과 바르게 함과 의로 교육하기에 유익하니

2) 그 외 하나님의 말씀의 역할은 무엇인가?

(1) 에베소서 6:17

에베소서 6:17 구원의 투구와 성령의 검 곧 하나님의 말씀을 가지라

(2) 히브리서 4:12

히브리서 4:12 하나님의 말씀은 살아 있고 활력이 있어 좌우에 날선 어떤 검보다도 예리하여 혼과 영과 및 관절과 골수를 찔러 쪼개기까지 하며 또 마음의 생각과 뜻을 판단하나니

(3) 요한복음 12:48

요한복음 12:48 나를 저버리고 내 말을 받지 아니하는 자를 심판할 이가 있으니 곧 내가 한 그 말이 마지막 날에 그를 심판하리라

3) 말씀의 능력이 우리 삶에 나타나기 위해서는 무엇이 필요한가? (고전 2:10-14)

2 말씀의 능력에 대한 태도

1) 하나님 말씀의 능력을 경험한 시편 저자는 말씀에 대해 어떤 태도를 가졌는가? (시 119:10-16)

2) 시편 저자는 왜 고난이 유익했다고 말하는가? (시 119:67, 71)

3 말씀의 능력을 활용한 결과

1) 시편 119:97-105을 읽으라. 우리가 하나님의 말씀에 대해 다음과 같은 반응을 보일 때 말씀이 우리에게 어떤 영향을 주는지 적어 보라.

(1) 성경을 알고 외울 때(98절) :

(2) 성경을 묵상할 때(99절) :

(3) 주의 말씀을 지켜 순종할 때(100절) :

(4) 주의 말씀을 듣고 깨달을 때(104절) :

(5) 주의 말씀대로 따를 때(105절) :

2) 당신이 경험한 하나님의 말씀의 능력은 무엇인가?

적용

1. 이 과에서 당신에게 가장 의미 있는 것은 무엇인가?

2. 지금 당신의 삶에서 말씀의 능력이 필요한 영역은 무엇인가?

외울 말씀 히브리서 4:12

하나님의 말씀은 살아 있고 활력이 있어 좌우에 날선 어떤 검보다도
예리하여 혼과 영과 및 관절과 골수를 찔러 쪼개기까지 하며 또 마음의
생각과 뜻을 판단하나니

읽을 말씀 사도행전 23-24장

제6과 성경 속으로 여행 떠나기

학 습 목 표 : 성경을 규칙적이고 체계적으로 공부하는 좋은 습관을 기를 수 있다.

톰슨 관주 성경은 다음과 같이 제안하고 있다.

낯선 나라에 대해 철저하고 실제적인 지식을 얻으려는 여행자처럼 성경을 공부하라. 광활한 진리의 들판을 살펴보라. 깊은 골짜기로 내려가라. 비전의 산을 오르라. 영감의 물줄기를 따르라. 교훈의 홀에 들어가라. 훌륭한 인물들의 초상화 화랑을 방문하라. 많은 교리적 오류가 영적인 통찰의 결핍이나 성경의 진리에 대한 편견에서 나온다는 것을 기억하라. 주님은 "너희가 성경도, 하나님의 능력도 알지 못하므로 오해함이 아니냐"(막 12:24)라고 말씀하신다. 진리의 말씀의 깊은 것들을 이해하려고 하라. 광부가 금을 얻기 위해 땅을 파는 것처럼, 또 잠수부가 진주를 얻기 위해 깊은 바다에 들어가는 것처럼 '말씀'을 연구하라. 가장 위대한 진리는 표면에 나타나지 않는다. 그것은 인내의 수고를 통해 밝혀진다.

우리가 하나님의 말씀을 주의 깊게 읽으며 연구할 때마다 우리는 믿음의 창고를 채워가는 것이다. 그 말씀을 암송하게 되면 우리 믿음은 더 커질 것이다. 성경을 읽는 것은 모든 그리스도인에게 매우 중요하다. 하나님께서 우리에게 자신을 알도록 계시해 준 책을 연구하는 데 시간을 보내지 않는다면 어떻게 하나님에 대해 배울 수 있으며 영적으로 성장할 수 있겠는가?

매일 몇 분 동안 성경 한 장을 읽는 것이 성경 읽기를 시작하는 좋은 방법이다. 그러나 하나님의 말씀을 연구하고 우리에게 말씀하시는 것을 묵상하기 위해 더 많은 시간을 계획해야 한다.

1 여행자의 자세 : 성경 연구의 올바른 자세

1) 성경 연구의 올바른 자세는 무엇이라고 생각하는가?

(1) 성경은 하나님의 말씀이다.

성경은 하나님의 말씀이므로 기도하면서 보아야 한다. 경외심과 기대감으로 성경을 읽으라. 자원하는 마음으로 진리, 의 그리고 예수 그리스도의 충만하심에 대한 갈급함으로 성경을 읽으라. 당신이 겸손하게 회개하는 마음으로 나아갈 때 당신에게 진리를 나타내신 성령 하나님을 신뢰할 수 있고 영원한 말씀으로부터 깨끗하게 하시는 능력을 경험하게 될 것이다.

(2) 하나님은 성경을 통해 나(각 개인)에게 하실 말씀이 있다.

당신이 개인적으로 그리스도를 구세주요 하나님으로 영접한 순간 당신은 놀라운 모험을 시작한 것이다. 이 위대한 모험은 성경 속에 계획되어 있다. 당신이 성령의 능력 안에서 성경을 읽고 연구할 때 당신의 삶의 의미와 인도하심과 능력을 경험하게 될 것이다. 그리고 하나님께서 자신을 위해 준비해 놓으신 많은 놀라운 약속들을 알게 되고 주장하게 될 것이다.

(3) 말씀을 실행하는 데까지 나아가야 한다.

무엇보다 하나님의 말씀을 공부할 때 그가 명령하신 모든 것들을 순종하기 위해 열심을 다하라. 당신이 다른 사람들을 하나님과 화목하게 하는 그리스도의 대사라는 사실을 알고 기뻐하라.

2 여행을 위한 준비물 : 성경 연구의 도구

우선 성경 역본을 최소한 두 권 준비하라(예: 개역개정판, 쉬운성경 등). 다양한 역본들을 읽어 보라. 우주의 놀라운 물리적 원리에 대해 알고자 할 때, 꾸준하게 열심히 공부하지 않고는 배울 수 없는 것처럼, 부지런함과 끈기를 가지고 성경을 연구하지 않는다면 하나님에 대한 지식과 그분의 말씀의 부요함을 얻을 수 없다.

필요하다면 주제별 성경과 성구 사전, 성경 사전이나 그밖의 다른 성경 공부 교재들을 활용하라. 그러나 꼭 기억해야 할 것은 성경 연구의 대상은 성경이라는 것이다. 위 교재들은 하나님께서 그의 말씀 속에 우리를 위해 준비하신 풍성한 진리를 얻을 수 있도록 돕는 도구일 뿐이다.

성경을 공부할 때마다 당신에게 주신 하나님의 말씀을 노트에 기록하라. 그렇게 하면 더 깊이 있고 진지한 연구가 될 뿐만 아니라 하나님께서 당신에게 어떻게 말씀하셨는지, 그리고 당신이 하나님께 어떻게 반응했는지가 기록으로 남게 될 것이다.

1) 성경 연구를 위해 현재 당신이 가지고 있는 도구들은 무엇인가?

2) 당신에게 필요하다고 생각되는 다른 도구에는 어떤 것들이 있는가?

3 여행을 떠나자! : 성경 연구 방법

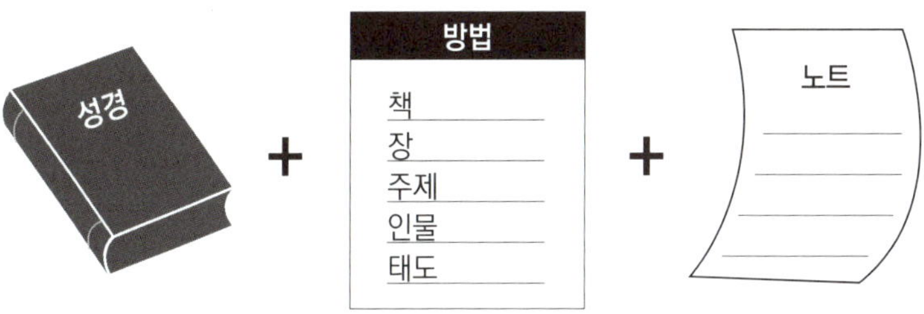

1) 권별 연구

성경은 66권으로 되어 있다. 그러나 예수 그리스도 안에서 인간을 구속하려는 하나님의 계획은 하나의 통일된 주제 아래 각 권마다 다른 방법으로 묘사되어 있다. 각 권을 전체와 연관된 한 부분으로 생각하고 통독하라.

(1) 다음에 이어지는 제안들을 따르면 성경 공부는 훨씬 더 의미가 있을 것이다.

- 성경을 읽을 때 감동되는 말씀에 **밑줄을 그어 표시하라.**
- 책의 **개요를 파악하라.**
- 주요 인물들의 이름을 **적으라.** 그들이 누구인지, 그들의 중요성이 무엇인지 말하라.
- 각 장에서 핵심 구절을 찾아 카드에 적어 가지고 다니며 암송하라.
- 순종해야 할 교훈과 주장해야 할 약속을 **적으라.**
- 성경에 나타난 성부와 성자와 성령 하나님에 대한 가르침을 공부해 보라.

(2) 이 방법을 사용하여 성경의 어떤 책을 공부하기 원하는가? (처음에는 짧은 책으로 시작하는 것이 좋다.)

2) 장별 연구

각 장을 이해하기 위해 다음 질문들을 해 보라.

(1) 그 장의 주된 주제는 무엇인가?
(2) 중요한 교훈은 무엇인가?
(3) 핵심 구절은 무엇인가? (암송하라)
(4) 주요 인물은 누구인가?
(5) 하나님 아버지에 대해 무엇을 가르치고 있는가?
(6) 성자 하나님에 대해 무엇을 가르치고 있는가?
(7) 성령 하나님에 대해 무엇을 가르치고 있는가?
(8) 나의 삶에 적용해야 할 것은 무엇인가? (SPACE)

- 고백해야 할 죄가 있는가? (**S**ins to confess)
- 붙들어야 할 약속이 있는가? (**P**romises to claim)
- 피해야 할 행동이 있는가? (**A**ction to avoid)

- 순종해야 할 명령이 있는가? (Commands to obey)
- 따라야 할 모범이 있는가? (Examples to follow)

3) 주제별 연구

은혜, 진리, 거듭남(구원), 기도, 믿음, 칭의, 평화, 관계, 사랑, 용서, 은사, 권위 등과 같은 중요한 주제를 택하고, 주제별 성경과 성구 사전을 사용하여 택한 주제를 성경의 전체 맥락 속에서 연구하라. 큰 주제를 작은 주제들로 나누어 공부할 필요가 있을 것이다.

예를 들면, 기도에 대한 주제로 성경을 공부할 때 기도의 내용과 형식, 기도의 약속, 성경 속의 기도의 모범, 기도에 대한 예수님의 가르침, 우리가 기도할 때 그리스도께서 하시는 일과 성령이 하시는 일로 나누어서 연구할 수 있다.

(1) 가장 먼저 어떤 주제를 연구할 계획인가?

(2) 어느 정도의 시간을 할애하겠는가?

4) 인물별 연구

성경에는 대략 2,930명의 인물이 언급되어 있다. 이 사람들의 삶을 연구해 보는 것은 매우 흥미로운 일이다.

(1) 성경 인물들을 연구하는 것이 왜 중요한가? (고전 10:11; 롬 15:4)

고린도전서 10:11 그들에게 일어난 이런 일은 본보기가 되고 또한 말세를 만난 우리를 깨우치기 위하여 기록되었느니라

로마서 15:4 무엇이든지 전에 기록된 바는 우리의 교훈을 위하여 기록된 것이니 우리로 하여금 인내로 또는 성경의 위로로 소망을 가지게 함이니라

성구 사전, 주제별 성경 혹은 성경에 나오는 인명 색인을 사용해서 당신이 연구하고 싶은 인물과 관련 있는 모든 성경 구절들을 조사해 보라.

(2) 당신이 연구하고 싶은 사람은 누구인가?

(3) 그 사람에 대해 연구하고 싶은 이유는 무엇인가?

(4) 연구하고 싶은 사람에 대해 다음 질문을 해 보라.

* 그가 살았던 사회적, 정치적 상황은 어떠했는가?
* 이러한 상황이 그의 삶에 어떤 영향을 미쳤는가?
* 그의 가족에 대해 무엇을 알고 있는가?
* 그는 젊었을 때 어떤 종류의 훈련을 받아 왔는가?
* 그가 일생 동안 성취한 일은 무엇인가?
* 그의 생애에 큰 위기가 있었는가? 그 위기를 어떻게 극복했는가?
* 그의 성품의 특성은 무엇인가?
* 그의 친구들은 누구였으며, 그들은 어떤 사람들이었는가?
* 그 친구들은 그에게 어떤 영향을, 반대로 그는 그 친구들에게 어떤 영향을 끼쳤는가?
* 그의 성품이 생애를 통해 어떻게 변화되었는가?
* 그는 하나님을 어떻게 체험했는가? (그의 기도 생활, 믿음, 하나님을 섬김, 하나님 말씀에 대한 지식, 전도의 용기, 하나님을 예배하는 태도를 주목하라.)
* 그의 삶에서 나타난 두드러진 잘못이 있는가?
* 그의 삶에서 현저하게 눈에 띄는 죄가 있는가?
* 그는 어떤 상황에서 이 죄를 범하였는가?
* 이 죄는 그의 생애에 어떤 영향을 미쳤는가?
* 그의 자녀들은 어떠했는가?
* 그의 생애가 당신에게 주는 교훈은 무엇인가?

적용

1. 위 네 가지 방법 중 당신이 가장 흥미롭게 생각하는 연구 방법은 무엇인가?

2. 당신이 선택한 성경 연구를 통해 어떤 유익을 기대하는가?

3. 한 가지 방법을 정해서 다음 한 주간 사용해 보라. 그 다음 주에는 다른 방법들을 사용하여 계속해서 성경을 연구해 보라.

* 추천도서 : 『구약의 조연들』 (김윤희, 생명의말씀사, 2004)
(이 책의 인물들 중 서너 명을 골라 함께 읽고 연구해 보는 것을 추천한다. 전체를 다 하면 더 좋을 것이다.)

외울 말씀 골로새서 3:16-17

그리스도의 말씀이 너희 속에 풍성히 거하여 모든 지혜로 피차 가르치며 권면하고 시와 찬송과 신령한 노래를 부르며 감사하는 마음으로 하나님을 찬양하고 또 무엇을 하든지 말에나 일에나 다 주 예수의 이름으로 하고 그를 힘입어 하나님 아버지께 감사하라

읽을 말씀 사도행전 25-26장

MEMO